LE PRÊTRE

ET

LA RÉPUBLIQUE

PAR

L'ABBÉ ***

(AUTEUR du *Maudit*, du *Moine*, de la *Religieuse*, etc.)

Prix : UN franc

PARIS

C. MARPON ET E. FLAMMARION

LIBRAIRES

1 à 7, galeries de l'Odéon, et rue Rotrou, 4

A. LACROIX ET Cie, ÉDITEURS

1879

LE PRÊTRE

ET

LA RÉPUBLIQUE

LE PRÊTRE

ET

LA RÉPUBLIQUE

PAR

L'ABBÉ ***, AUTEUR DU *MAUDIT*

PARIS

C. MARPON ET E. FLAMMARION

Libraires, 1 à 7, galeries de l'Odéon et rue Rotrou, 4

(A. LACROIX ET Cie, ÉDITEURS)

1879

LE PRÊTRE

ET

LA RÉPUBLIQUE

Deux forces, deux forces colossales sont à cette heure en présence, au sein de la grande nation qui semble avoir la mission providentielle d'être l'initiatrice du progrès dans le monde ; ces deux forces sont le Prêtre et la République.

Laquelle triomphera ?

C'est le duel de deux pensées, la bataille suprême de deux formes de civilisation : *la liberté de l'âme humaine, le servage théocratique.*

Peu d'esprits se rendent bien compte de cette question de premier ordre, même parmi les publicistes et les hommes politiques les plus distingués que possède la République, la soutenant et voulant son triomphe. Ces quelques pages sont destinées à l'éclaircir.

* * *

Un homme politique de très haute situation et destiné à grandir encore, l'a clairement entrevue, quand il a prononcé ce mot : « Le cléricalisme, c'est l'ennemi. »

* * *

Qu'est-ce que la République ?

Qu'est-ce que le Prêtre ?

*
* *

La République, telle que l'entend le génie français, n'est pas seulement cette forme gouvernementale où l'on n'a pas de roi, où des magistratures civiles, selon les goûts, les instincts, les aptitudes des races, sont chargées du pouvoir, plus ou moins démocratiques en raison des éléments dont se compose le corps social. Cette forme de gouvernement a sa valeur intrinsèque. Elle suppose des races élevées en civilisation, émancipées des vieilles tutelles patriarcales. Au lieu de la tribu barbare, menée comme un troupeau par un porteur de houlette, c'est la tribu reine, où le dernier vaut le premier, parce que sa parole, son vote, sa conscience pèsent du même poids dans les destinées de la grande famille associée.

La République, telle qu'on la comprend aujourd'hui, après tous les travaux des penseurs qui en ont fait la théorie dernière, c'est l'émancipation définitive de la conscience humaine, n'ayant d'autre règle que ce droit universel qu'elle porte dans ses fibres les plus intimes, où elle est sûre de le trouver toujours, à travers les âges et à travers les civilisations.

La République est la manifestation moderne de la royauté de toute âme humaine se gouvernant par la loi de l'association, qui est un instinct, parce qu'elle est un besoin, et parce qu'elle est une force.

Toute âme indépendante est républicaine. L'histoire lui a montré les longues et terribles servitudes subies par l'humanité. Elle a toujours présent cet odieux souvenir. Une révolution dont la pareille ne s'est pas vue, puisque jamais l'humanité n'était parvenue à l'âge adulte où elle douvait la faire, l'a pleinement émancipée. Sa charte de libération a été écrite par Sieyès, et s'appelle la *Déclaration des droits de l'homme*, charte étrange, promulguée par la plus puissante réunion de législateurs qui se soient faits constituants.

L'homme, maintenant, n'est plus un Spartacus à bout de souffrances, qui se soulève contre des maîtres, et qui, brisant ses fers, les change en massue puissante ou en glaive acéré pour écraser la force qui l'opprime. Ce travail est fait: c'est maintenant le peuple entier devenu roi et se drapant paisiblement dans la toge de la liberté.

Populum late regem, gentemque togatam.

*
* *

La langue moderne appelle, avec un sens profond : « *Libertés de quatre-vingt-neuf* » tout l'ensemble de droits reconquis sur la longue et vieille tyrannie monarchique. Ces droits reconquis ont coûté le soulèvement de la poitrine de millions d'hommes, leur sang versé sur des champs de bataille, pour que la coalition des rois n'arrivât pas à étouffer, dans son germe, l'idée émancipatrice qui fait aujourd'hui son chemin, à pas de géant, à travers les races humaines un peu civilisées.

Un homme qui en fut tour à tour le soldat et l'oppresseur, qui la promena dans les plis du drapeau de la France aux pieds des Pyramides et du Thabor, et en acheva le triomphe, Napoléon, jeté sur le rocher de Sainte-Hélène, se dévorant le cœur dans sa rage impuissante contre la force des royautés coalisées qui l'avaient vaincu, jetant prophétiquement son regard sur l'avenir, prononçait cette étrange parole, qu'on ne s'attendait pas à trouver dans ne telle bouche, et qui fut son trait de Parthe lancé comme une dernière menace à la royauté momentanément triomphante : « *Dans cinquante ans, l'Europe sera républicaine ou Cosaque.* »

Qu'il reste sur sa colonne, ce prophète de la République, quoique si bizarrement accoutré en empereur romain ! Que ses os reposent dans leur paix, au fond de son sarcophage de porphyre ! Nous n'abattrons plus ce symbole de nos triomphes sur l'Europe ; nous ne jetterons pas aux vents cette cendre encore tiède, où bouillonna la grande pensée de l'émancipation des races les plus civilisées du vieux monde.

Mais nous garderons sa parole, et nous veillerons, avec une tendresse inquiète et une implacable sollicitude, à ce que, triomphante maintenant au dehors, n'ayant plus à redouter de puissantes coalitions, elle ne trouve pas, au dedans, un ennemi caché qui la détruise.

Victorieuse des rois, il faut qu'elle soit victorieuse du Prêtre.

*
* *

Mais est-elle bien victorieuse des rois ? Et n'est-ce pas une illusion pour nous de la croire à jamais hors de l'atteinte des lances cosaques ?

Les hommes qui connaissent à fond la situation politique de l'Europe contemporaine sont parfaitement convaincus que notre Occident n'a rien à redouter de l'empire moscovite. Se font-ils une illusion ? Quelles raisons sérieuses se donnent-ils pour ne pas voir l'ennemi du côté où nous sont venues les hordes qui ont foulé l'empire romain en paisible jouissance de sa civilisation ?

Leurs raisons se réduisent à deux.

La politique russe aujourd'hui, politique pleinement rationnelle, parce qu'elle est pratique, logique surtout avec la situation climatérique et les aspirations de races encore jeunes, est de chercher à étendre cet empire déjà colossal, non plus vers l'Occident si fortement organisé pour la résistance, grâce à la science moderne, mais vers le splendide continent asiatique où les richesses de toute nature sont entassées, et doivent tenter des peuples pauvres et mal à l'aise dans leurs régions glaciales. Les Indes paieront le rachat de la liberté ; et les politiques à courte vue qui conspireraient, au moins de pensée, avec l'Angleterre, pour qu'on arrête cette invasion qui est dans la logique absolue de la politique russe, seraient de singuliers amis de la liberté et de leur pays.

Nous croyons à la force de cette raison.

Elle est corroborée par cette autre.

Quand l'Europe romaine succomba sous l'invasion des Barbares du Nord, tout mourait dans son sein ; c'était une vieille monarchie despotique dont l'organisation était usée, et qui allait logiquement, dans sa décrépitude sénile, où vont toutes les décrépitudes. Cet empire s'éteignait ; et le grave reproche de l'histoire à ces chrétiens, papes et prêtres, dont les ancêtres avaient apporté à l'Occident la sève évangélique, est celui-ci : de n'avoir absolument rien compris à la question sociale de leur temps, et, par rancune mesquine, par petite haine contre la Rome impériale qui avait fait les martyrs, d'avoir applaudi les barbares, appelés par eux des fléaux de Dieu. Les martyrs furent trop vengés. Il y eut là une faute de portée incalculable, un crime de lèse patrie, qui se trouva retomber sur l'humanité tout entière. Le reste des païens croyants qui subsistaient encore, se trouvaient dans la logique du patriotisme, en disant : Si nous eussions gardé notre foi en nos dieux, l'empire se serait défendu.

Nous ne sommes pas, nous, dans cette fatale condition. Le monde moderne, qui date du XVe siècle, touche à son berceau. Au lieu de finir comme l'empire romain, il commence sa grande ère, vigoureux dans son adolescence et hardi dans sa fierté. Il se sent de la force, et une force surabondante. Que redouterait-il ? La science ne s'éteindra pas demain. Demain, il y aura encore des poitrines pleines d'ardeur, et des cerveaux combinant les résistances devant lesquelles tout reculerait.

On connaît la Russie. Quand on pense que les misérables troupes ottomanes épuisées ont pu lui offrir une si longue résistance, que ne rencontrerait-elle pas sur son chemin, le jour où il y aurait à briser le mur d'airain de la civilisation germanique militairement si puissante, à vaincre cette France déjà relevée, l'Italie qui va grandir' l'Espagne qui sortira bientôt de sa léthargie? Nous sommes donc heureusement à l'abri d'une invasion du Nord. Et l'hypothèse de Napoléon, une fois adoptée, nous n'avons qu'à voguer à pleines voiles sur le navire triomphant et glorieux de la République. Le mal prochain, le mal à venir n'est donc pas là. Même dans l'hypothèse d'une conquête des races septentrionales arrivant jusqu'aux extrémités de l'Occident, il n'y aurait qu'une éclipse momentanée de la liberté. En raison de la loi historique que les masses vaincues finissent toujours par absorber intellectuellement les hordes victorieuses numériquement moindres et psychiquement moins développées, l'idée qui ne meurt pas saisirait à nouveau ces races ignorantes mêlées à la civilisation. Et, à son tour, la République, gardienne de la liberté immortelle, irait porter sa conquête jusqu'aux limites de l'Oural, et à l'Océan polaire.

*
* *

Mais le mal réel, le mal d'aujourd'hui, celui qui menace terriblement la jeune République, c'est le Prêtre.

Quand je dis le Prêtre, je parle de cet homme que la politique césarienne de la Rome papale a modelé, depuis quatorze siècles, comme instrument docile de sa domination matérielle sur le monde, et qui, séïde inconscient de la plus forte tyrannie que l'histoire des croyances humaines puisse étudier, a remplacé l'humble apôtre, ne tenant en rien à la terre, des premiers âges de l'Église. Celui-ci qui lutta contre les empereurs et fit grandir l'idée nouvelle à la lueur des lampes des catacombes, n'a rien de commun avec le Prêtre soumis à une discipline uniforme, imprégné d'absolutisme, écrasé sous les routines de son culte et devenu, par la loi de tout ce qui échoue, l'ennemi né et implacable de toute idée nouvelle qui grandit devant son regard irrité.

Il y a des hommes, dans le sacerdoce latin, qui ne pactisent pas avec le Prêtre saturé d'ultramontanisme et devenu le soldat fanatique de l'oppression des consciences par une religion dominatrice. Ceux-là, ne les redoutez pas; plaignez-les, découvrez-les, sous le joug d'esclave qu'ils portent en rougissant, et devenez leurs libérateurs. Ils sont au fond de l'âme chauds républicains comme vous. Les évêques les détestent, les surveillent, les relèguent, en vrais pestiférés de l'Église, dans les plus pauvres communes. Si vous étiez habiles, vous iriez prendre là des aides puissants pour vaincre bientôt les prêtres fanatiques. Nous ne parlons donc pas de cette honnête tribu des Prêtres indépendants, qui se tait et qui gémit.

Depuis la chute du moyen âge, le prêtre romain,

l'homme de l'Église organisée officiellement pour faire triompher la toute-puissance des papes, est sous le poids d'une honte qui blesse profondément en lui tout son orgueil, comme membre de caste. Il a perpétuellement été vaincu. A peine le grand Constantin renversait le culte des idoles, qu'il se faisait pape extérieur ; et il présida en maître, en vrai pape, le premier concile œcuménique, ayant à côté ou au-dessous de lui, les légats du pape de Rome. Il fallut subir cette domination protectrice. Ses successeurs furent plus encore que lui les maîtres de l'Église ; et l'histoire des longs siècles depuis Constantin est fatiguée de cette lutte du Sacerdoce et de l'Empire, qui a fini, au désespoir du Prêtre, le jour où Victor-Emmanuel est entré à Rome, en roi de l'Italie une, et a relégué son pape dans le splendide presbytère du Vatican.

Cette victoire de l'élément laïque sur l'élément clérical est la profonde humiliation du Prêtre. Il sent que tout est fini politiquement pour lui, que jamais il ne reverra les heureux jours où les rois s'inclinaient bien humblement devant les pontifes et recevaient d'eux l'investiture royale. Beaux siècles, vous ne reviendrez plus ! Peuples ingrats, vous ne vous courberez plus devant nous, et, quand nos évêques passeront sur vos places publiques, vous ne fléchirez plus les genoux pour vous faire bénir ! Enfants de la Réforme et de la Révolution, vous nous avez vaincus !

Mieux encore que ce triomphe, qui, après tout, s'expliquerait, puisqu'il tient aux évolutions logiques de la pensée et des forces sociales au sein des peuples, il y en a un autre bien plus humiliant encore pour le Prêtre. La conscience humaine s'est émancipée complètement. Un grand concile de Rome, à l'âge de la toute-puissance extérieure des souverains pontifes sur l'Occident, témoin des insurrections de la conscience qui faisaient explosion dans le monde chrétien, ne trouva rien de mieux que de frapper le cadavre de celui qui, durant sa vie, aurait manqué de foi, et ne serait pas allé, chaque année, remplir ce qu'on a appelé le devoir pascal. Mesure terrible pour ces âges, où cependant l'on désertait la table sainte. La sentence fit trembler. Ne pas reposer auprès de ses pères, être rejeté hors de la terre consacrée d'où le vrai fidèle doit se relever à la résurrection, quelle pénalité effrayante ! Et cependant l'homme moderne finit par ne plus avoir peur de cette menace. Il retomba dans son péché d'indifférence pour les mystères que célèbre le Prêtre ; au risque d'être mis avec les chiens et les profanes, il secoua la loi ; il se révolta.

La menace étant usée, restait logiquement la force brutale. — Tu ne fais pas tes pâques, eh bien ! tu iras en prison. — La doctrine du sublime Galiléen est descendue à cet abaissement : le Prêtre romain en est venu là. — Tu n'as pas la foi, tu ne veux pas croire ; tu es un scandale dans la société pratiquante ; nous te jetterons dans un cachot, nous ne traînerons aux galères, avec les voleurs et les assassins. Le non croyant en face de la prison et des galères, a résisté encore ; et ceux qui ont vu Rome, dans les premières années du pontificat de Pie IX, ont pu lire, sur la porte des grandes églises, la liste signée par le cardinal vicaire, au nom de Sa Sainteté, des citoyens de Rome condamnés à la prison pour n'avoir pas accompli le devoir pascal.

Il fallait au Prêtre cette suprême humiliation. Même devant les geôliers, même devant les sbires, la conscience humaine n'a pas cédé ; elle a voulu être libre.

La grande révolution de 1789, avant tout émancipatrice de la conscience, a consommé le divorce entre le Prêtre et tout homme qui n'accepte pas de son plein gré la direction spirituelle de l'Église. La délivrance a été complète, absolue. Tu ne fais pas ton devoir de chrétien ? — Que vous importe ? dit le dernier manant que la loi de son pays a arraché à la puissance extérieure de l'Église ; et le Prêtre, oubliant que la foi ne s'impose pas et que, s'il y a tant d'incroyants, c'est que le clergé ne sait plus ou ne peut plus ramener les âmes à elle, le Prêtre attristé baisse la tête, et entre en rougissant dans son église, où l'attendent quelques femmes pieuses, les enfants et ce qui survit de vieillards.

*
* *

Or, maintenant, c'est la République qui porte légitimement l'odieux de cette perte d'une puissance si prospère aux âges reculés. La République est née de cette formidable insurrection qui s'est appelée « le Serment du jeu de paume ». Elle hérite de toutes les insurrections de l'âme humaine, depuis les Albigeois jusqu'aux révoltés du XVIe siècle, aux incroyants du XVIIIe, aux athées, aux matérialistes de tous les temps, lesquels aujourd'hui peuvent parler, écrire, sans redouter le feu sur la place de l'Estrapade. M. Naquet peut faire un prêche de matérialisme à la salle du boulevard des Capucines, le jour où un révérend père, plus ou moins éloquent, réfute M. Naquet en pleine chaire de Notre-Dame. M. Naquet brave le révérend père ; et c'est là l'horrible scandale, pour le Prêtre, que le bon gendarme d'aujourd'hui, comme le terrible bourreau d'autrefois, ne vienne pas l'appréhender au corps et le mener au bûcher, comme coupable de lèse-majesté divine.

Le monde moderne a complètement échappé au Prêtre. Les livres ne sont plus son sous approbation ; les journaux lui sont hostiles ; les conversations habituelles, dans les réunions du monde, soutiennent le contraire de ce qu'il croit et de ce qu'il enseigne. La science, a dit Proudhon, est venue bouleverser totalement son astronomie, sa physique, sa chronologie, ses récits bibliques. On se rit de la pomme d'Ève ; et les jeunes filles même, quand elles ont un peu écouté, savent ce qu'on entend par cette pomme. On trouve la coquille de noix bâtie par Noé bien petite pour tant de bêtes, et bien mal cuirassée pour résister à la chute des cataractes du ciel. L'enfer éternel, la viande défendue le vendredi, le célibat des prêtres, matière à tant de quolibets, la confession, surtout celle des femmes, que sais-je ? c'est un effroyable déchaînement de railleries, de dédains, de dégoûts dont s'imprègnent les enfants même, et sur lequel le prêtre ne peut plus rien, puisque, du haut de sa chaire, il ne parle qu'à un petit nombre d'âmes croyantes qui se signent et qui gémissent, et que nul des incroyants ne vient s'asseoir en face de lui, pour écouter ses homélies et s'instruire.

« Dans le bon temps », il n'en était pas ainsi.

C'est la faute de la Révolution, par conséquent de la République, fille de la Révolution.

* * *

Outre ces plaies saignantes faites au cœur du prêtre, il en est bien d'autres qui seront longues à se cicatriser. Dans l'ancienne France, les prêtres formaient le premier corps de l'État ; et un fils de laboureur, devenu archevêque, avait le pas sur un Montmorency. Passe encore pour la perte de si beaux privilèges. Mais l'Église n'en est plus à la théorie de saint Paul qui se vante de ne rien demander aux nouveaux chrétiens, et de trouver dans le travail de ses mains, sur la semaine, de quoi se nourrir et donner aux pauvres. Les prêtres ne doivent pas travailler ; et on lit dans le règlement de certains séminaires que, si pendant les vacances, des parents agriculteurs demandent à leurs fils entrés dans la cléricature, de labourer, de battre le blé, de faire un travail manuel quelconque, ces derniers devront exposer respectueusement qu'ils ne peuvent se livrer à ces travaux sans jeter du déshonneur sur l'habit sacerdotal. A l'exemple du noble, le prêtre ne doit pas travailler.

Or, sous l'ancien régime renversé par notre République, d'immenses revenus appartenaient aux prêtres. Ils avaient des dîmes, des redevances. Des biens considérables étaient attachés aux monastères. Les deux tiers de la Sicile étaient entre les mains des moines, moyennant quoi ils distribuaient, chaque jour, une soupe aux mendiants du pays. C'était le bon vieux temps.

La Révolution a vendu les biens du clergé. Et c'est naturellement le plus gros grief du Prêtre contre la République. On lui donne une misérable indemnité annuelle ; mais la main qui donne peut retenir ; à preuve, qu'on parle de séparer l'Église de l'État, mot honnête pour dire le Prêtre abandonné aux honoraires des fidèles. Comment ne pas avoir en exécration un régime qui a tout bouleversé, et qui, du soir au matin, peut bouleverser encore, et enlever au Prêtre la dernière bouchée qui le fait vivre ?

Tenons-nous en à ce petit nombre de griefs. Il en faudrait moins pour établir catégoriquement que, selon les lois de la logique et de l'expérience, d'après la connaissance ordinaire du cœur humain, le Prêtre doit regarder le régime républicain comme un régime détestable, dont il n'a à attendre que l'abaissement de son ministère, que des obstacles de tout genre pour reprendre de l'empire sur les âmes, et en définitive qu'une mesure radicale après laquelle il risquera de mourir de faim.

*
* *

Cette démonstration faite et bien faite, par un membre du clergé dont la parole ne peut pas être suspectée le moins du monde, puisque, ce qui est l'exception parmi ses confrères, il est républicain de vieille date, et que, dans l'intérêt du gouvernement qu'il aime, il ne doit pas chercher à exagérer les obstacles que ce gouvernement peut rencontrer de la part de la corporation puissante à laquelle il appartient, et qu'il serait heureux, s'il y avait une possibilité, de rallier à la République, il faut en accepter courageusement les conséquences, et bien voir la conduite qu'impose cette notion sérieuse de la vraie situation du Prêtre vis-à-vis de la République. Nul mieux que celui qui trace ces lignes ne connaît la question cléricale ; et, disons-le en passant, on ferait moins de fautes, j'allais dire de bévues, dans un gouvernement républicain, si, autour du ministère des cultes, se trouvaient quelques hommes de situation indépendante, appartenant au clergé, qui avertiraient le pouvoir de certaines fausses directions prises par lui, en raison du peu de connaissance qu'il a généralement des idées intimes du clergé.

S'il est logique et tristement logique que le Prêtre ne soit pas républicain, comme membre de la corporation sacerdotale, il est tout simple qu'il soit monarchiste. Tout l'enseignement biblique, théologique et historique qu'il reçoit lui prêche les rois. David, Salomon, Ézéchias et tous les bons rois qui protégeaient le temple, Charlemagne, qui chantait au lutrin, Saint Louis qui avait la piété d'un ascète, Louis XIII qui voua la France à la Vierge, Louis XIV qui mettait ses dragons au service de l'Église, et, à la grande joie de Bossuet et des évêques, envoyait en exil les protestants, pour établir la sainte unité : un seul Dieu et un seul roi ; toutes ces grandes figures historiques sont un idéal devant le prêtre, et posent plus grandement que Jules Grévy qui est un bourgeois, et Gambetta qui a dit contre le clergé le mot terrible que vous savez. Il n'aime pas les rois usurpateurs ; et ces rois-là, comme le dernier Napoléon, lui jouent souvent des tours qui le surprennent, quand il les a une fois acclamés dans l'impossibilité de trouver mieux : « Le sauveur de la veille fait trembler pour le lendemain, » disait tristement M. Pie, évêque de Poitiers. Mais lors même qu'ils ne sont pas les rois de son choix, il chante pour eux son *Salvum fac*, parce qu'ils sont un pis aller, et qu'on s'accroche à une planche après le naufrage.

Le beau pour le clergé, ce qu'il a fait demander à Dieu par tant de bonnes prières et de beaux pèlerinages, serait le petit-fils de Charles X, un homme honnête et chrétien convaincu, qui ne ferait pas tout ce qu'il pourrait, — « les temps sont mauvais, » — mais qui ferait beaucoup ; qui ne rendrait pas la grasse dîme, — le clergé la regrette, mais uniquement comme théorie, et comme droit consacré par la Bible, mais il est bien convaincu qu'elle ne peut pas revenir, — mais qui ferait de bons règlements favorables à l'Église, nommerait des maires, des juges de paix, des préfets ayant un nom, et donnant l'exemple de la piété aux peuples, interdisant le travail du dimanche — prohibition capitale aux yeux du Prêtre, laquelle coûterait si peu à un bon gouvernement ; — qui peuplerait les paroisses de bons petits frères, défendrait aux journaux de raconter leurs fredaines trop grosses, quand ils s'égareraient du côté de Sodome, et ferait faire silence sur les prêtres plus coupables encore, comme Mingrat coupant une femme en morceaux, après l'avoir outragée au sortir du confessionnal, et se sauvant dans un couvent du Piémont. Enfin ce roi tant demandé à Dieu, tant désiré des belles âmes qui ont chanté : « Sauvez Rome et la France au nom du Sacré Cœur, » ne manquerait pas, comme cadeau de joyeux avènement, de faire la sainte croisade romaine qui rendrait au Pape son cher pouvoir temporel.

On le voit, le clergé ne serait pas trop exigeant. Il y a un *minimun* — toujours parce que les temps sont mauvais et en attendant les miracles tant de fois promis, — qui satisferait le Prêtre. Il tolèrerait la République, comme un mauvais gouvernement, un gouvernement usurpateur, dérobant la France à qui elle appartient de droit divin, si cette République lui assurait un *minimum* de protection, de prépondérance, de satisfaction donné à ses principes de conduite par les peuples.

Le jour où la République prendrait paisiblement le rôle du « bras séculier au service de l'Église », serait sévère pour proscrire le travail du dimanche, ne permettrait à aucun livre, à aucun journal, un mot mal séant sur l'Église, sur les prêtres, sur les petits frères, qui respecterait les Jésuites, cette pierre angulaire du catholicisme moderne, favoriserait les processions, les missions, l'établissement de beaux calvaires sur les grands chemins, le Prêtre ne l'aimerait pas, se lamenterait toujours sur les temps mauvais, chanterait l'éternel refrain des persécutés et des dépouillés suspendant leurs lyres sur les saules des bords du fleuve de Babylone, mais, en définitive, lui rendrait, en retour de tous ces bienfaits, un peu de silence. Disons-le même, ce qui se produit déjà, quelques individualités du clergé reconnaîtraient que la République n'est pas si cruelle qu'on veut la peindre, et se déclareraient républicains, *horresco referens*, au grand ébahissement des saintes âmes, qui continueraient à la vouer, elle et ses adhérents, à l'enfer.

*
* *

Je viens d'exposer bien clairement la question cléricale, et je crois bien la connaître.

Maintenant, républicains du gouvernement, de la Chambre et du Sénat, républicains qui, aux élections dernières, avez consacré la République sérieuse, la République républicaine, voulez-vous donner au Prêtre ce *minimum* de concessions ? Le pouvez-vous ? Pouvez-vous faire pour lui tout ce que faisait la Restauration, plus encore tout ce que ferait Henri V ? Le voulez-vous ?

Je n'ai pas besoin de vous consulter. Je sais votre réponse : Nous ne le pouvons pas ; nous ne le voulons pas.

Je vous comprends : vous deviez me répondre ainsi. Vous ne pouvez offrir au prêtre que ce que vous offrez au ministre protestant, au rabbin juif, au chef de toute communauté croyante, la protection due à toute manifestation de conscience qui ne trouble pas le repos public. C'est évident. Faire un pacte pour arriver au maigre résultat d'obtenir d'un ennemi un dédaigneux silence, cela n'en vaut pas la peine ; c'est évident pour vous.

*
* *

Mais alors que ferez-vous?

Rien, allez-vous me répondre.

Je le sais bien, vous êtes tentés de ne rien faire. Mais prenez garde! Il y a des dangers, de grands dangers; et je vais vous les dire. Il a fallu que ces dangers fussent bien grands, imminents même, pour que Gambetta, le fin, le politique, plus fin, plus politique qu'en général vous ne le jugez, ait cru devoir se permettre une grosse franchise, dire tout haut que le cléricalisme était l'ennemi. Tenir un tel langage, sans une raison politique de première valeur, eût été une politique inexplicable; et Gambetta n'a pas été léger.

Répondre que vous ne ferez rien, n'est pas répondre, parce que vous ferez quelque chose; et que, selon le courant du quart d'heure, vous serez amenés logiquement à faire trop ou trop peu. Si la politique d'un dédain superbe de tels ennemis vient à prédominer, vous ferez trop peu; et ce sera un tort un grand tort. Si la politique de l'exaspération, de l'impatience, devant les attaques cléricales perpétuellement agaçantes et pouvant à un moment donné égarer les populations, vous porte à trop d'irritation, je vous connais, nous sommes Français, vous ferez trop.

Écoutez bien ceci. Vous l'ignorez en grande partie, je le crains.

Le Prêtre votre ennemi, votre irréconciliable ennemi, est singulièrement fort. Il porte ce que vous ne pouvez pas lui ôter, ce que nul gouvernement ne lui ôtera, une grande parole jetée sur le monde et dont il est officiellement l'interprète et le mandataire. Sa force vient de là; et il la sent bien. C'est pourquoi il se dresse si fièrement devant vous. Le Prêtre, c'est la parole confiée par l'Évangile : « Allez ! Enseignez ! » Il a une mission auprès des âmes, et il la remplit. Vous ne l'en empêcherez pas, j'espère, et, vous le voudriez, que vous ne le pourriez pas. Songez donc que les granges des paysans, quand la terrible guillotine était en permanence dans les villes, étaient des églises où l'on baptisait, où l'on disait la messe, où l'on prêchait, et ce n'était pas des éloges à la République une et indivisible, où l'on mariait les jeunes époux. Aujourd'hui, ce serait le salon des grandes dames qui se changerait en église, avec des imprécations contre vous, et avec l'auréole du martyre pour le Prêtre, le jour où vous gêneriez le moins du monde les menus détails de son ministère. Il vous est défendu, — et ce sont maintenant nos mœurs, grâce à la persécution religieuse de 1793 fermant, avec une inintelligence suprême, les églises, de toucher à quoi que ce soit de ce ministère, qu'il vous plaise, ou ne vous plaise pas. N'allez pas vous heurter à cette pierre ! Que vous croyiez ou non à la mission du Prêtre, là n'est pas la question : les masses y croient.

Et, probablement, vous ne soupçonnez pas pourquoi elles y tiennent. Ce n'est pas parce que c'est le culte de Rome, le culte catholique. C'est uniquement parce que c'est le culte des familles, le culte de la paroisse, que c'est une chose entrée dans les idées, dans les habitudes, dans les mœurs. Pour ne vous donner qu'un détail : comment les filles se marieraient-elles, si elles n'allaient pas, le dimanche, se montrer dans leurs beaux atours dans l'Église, où l'on peut si bien les regarder et où l'on se jette si vite un coup d'œil d'intelligence. La messe et les foires attirent la jeunesse campagnarde. Le Prêtre sait cela, compte sur cela, est fort de cela. Mais ce n'est pas parce que le culte est selon la formule dogmatique romaine. Souvenez-vous de l'Angleterre. On quitta Rome un beau matin, et la nation fut protestante.

Que M. Naquet, qui prêche l'athéisme, établisse un culte pompeux pour célébrer la matière cérébrale, qu'il fasse de nombreux prosélytes au matérialisme, que les populations acclament le nouveau prophète, ces populations iront le dimanche au culte de la matière, comme les dames d'Éphèse, quand on eut substitué au culte de la grande Diane, le culte de Marie la *théotocos*.

Vous comprenez maintenant. La religion catholique est sacrée pour les populations. Qu'un autre culte la remplace, qu'à cela ne tienne, — c'est l'affaire des messieurs qui savent lire, dit le peuple ; — mais, tant que le nouveau n'a pas fait abandonner le vieux, si vous voulez toucher à celui-ci, c'est la conscience que vous attaquez ; et elle vous répond : Je suis plus forte que toi.

*
* *

Vous ne ferez donc pas, à quelque prix que ce puisse être, cette faute capitale. La première République se mêla d'une constitution civile du clergé. Rome attendait là la France révolutionnaire. Elle monta sur ses grands chevaux, déclara hérétique la nouvelle constitution, qui pourtant, chose capitale, à une heure si terrible de bouleversement, laissait subsister la religion en France avec quelques changements de discipline sans grande portée. Ce fut le commencement d'une irritation générale qui finit par la fermeture des églises. Et puis, étrange retour des choses humaines, quand le Premier Consul fit son concordat avec Rome, il fallut bien aller plus loin que la constitution civile du clergé. Rome fut forcée de subir la volonté du despote qui voulut conserver dans le nouvel épiscopat beaucoup des évêques constitutionnels et refusa nettement d'appeler les évêques émigrés. Le pape, par un coup d'État autrement contraire aux règles de l'Église que les petits changements disciplinaires de la Constitution civile du clergé, destitua de leurs sièges les évêques légitimes et accepta les nouveaux titulaires présentés par le Premier Consul. Quelle déplorable contradiction !

Vous n'irez pas vous replonger dans cet abîme. Laissez les catholiques à leur ménage et à leurs affaires, et soyez aux vôtres.

*
* *

Il me semble que votre conduite est toute tracée. Placez-vous sur le terrain exclusivement pratique. Des faiblesses vous perdraient, et vous savez bien que l'on ne vous en tiendrait pas compte. Des violences vous tueraient ; elles soulèveraient la conscience universelle. N'oubliez donc pas la femme ! elle est derrière le Prêtre. Elle est d'instinct contre vous, quand vous ne la blessez pas dans ses croyances, parce qu'elle en redoute de votre part. Vous en ferez une ennemie implacable, le jour où vous donnerez un sujet légitime de plainte à son vicaire.

Respectez les droits de votre ennemi, faites-lui respecter les vôtres ! Voilà la formule.

Qu'il connaisse bien votre pensée. Ne faites pas avec lui d'hypocrisie. Gambetta, dans cette grave affaire, a eu aux yeux de tous, la gloire d'être loyal et franc, en montrant clairement l'ennemi.

Dites aux Évêques :

Vous êtes, avec une partie notable de votre clergé, nos ennemis, de l'intérieur. C'est votre droit. Nous ne pouvions pas vous demander l'acte héroïque d'aimer les héritiers de vos spoliateurs. Il est donc, dans votre logique, de nous faire tout le mal que vous pourrez. Mais il est de droit naturel que nous nous défendions de vous, visière levée. Vous êtes des belligérants : cela vous va. Le rôle a un certain côté grandiose. Il vous est entré danla tête, — et la conception est hardie, — que vous feriez reculer la civilisation ; et vous avez persuadé à ce pauvre pontife dont vous allez faire un saint, que c'était une hérésie de se réconcilier avec l'esprit moderne. Soit, Messieurs ! Ne vous réconciliez pas. Mais, prenez garde ! Votre programme, vous ne l'avez pas dissimulé : il a retenti jusque dans vos chaires ; il est débité, chaque matin, dans les feuilles que vous inspirez. Nous avons aussi le nôtre, et nous n'avons pas plus que vous, encore moins que vous, à le cacher. Vos droits nous seront sacrés ; mais la France a pris l'engagement de vous faire respecter les nôtres. L'élection nationale qui a fait la France définitivement républicaine, a bien été, quelque peu, une révolution religieuse pacifique : on a voulu en finir avec vous comme avec certains autres. Vous devez très bien avoir compris cela, quoique vous ne soyez pas venus vous en vanter. Eh bien ! Voici ce que nous allons faire. Nous nous arrêterons au seuil de vos églises, sauf le cas trop commun jusqu'à ce jour, — ce à quoi nous allons veiller, — où vous changerez vos chaires et vos mandements en tribune et en harangues politiques. Mais, en dehors de vos églises, n'oubliez pas que vous êtes chez nous, et, à ce titre de simples citoyens, que vous êtes dans l'État, et non au-dessus de l'État à aucun titre, et que vous n'avez à vous mêler en rien de ce que fait l'État.

Telle sera votre règle de conduite.

*
* *

Les rôles ainsi bien indiqués, la situation bien nette, il vous faudra vous mettre à l'œuvre.

Votre grand travail à vous, votre vraie tâche est d'enlever à votre ennemi une place où il compte se rendre inexdugnable, l'enseignement public. Il trompe effrontément le monde des naïfs, quand il lui dit qu'il a reçu de Jésus son fondateur la mission de l'enseignement : *Ite docete !* Oui, enseignez l'Évangile. Mais le mot ne signifie guère, que nous sachions : enseignez l'histoire, l'astronomie, le calcul, la géométrie. Prétendre cela, s'est se jouer des plus simples notions du bon sens. Dites cela très haut et sur tous les tons, à cette bonne nation si moutonnière qui s'appelle la France. C'est l'État qui a, de droit naturel, mission d'enseigner, et, pour première tâche, devoir d'enseigner.

Seulement, il serait étrange que des hommes politiques ne comprissent pas que l'enseignement d'une grande nation doit être un. Une monarchie vous eût remplacés, que son premier soin eût été d'établir rigoureusement, dans toutes les écoles sans exception, un enseignement monarchique. Ce serait son droit. Y trouveriez-vous à redire ? Une monarchie, logiquement, veut vivre. Elle ne vit que d'une pensée, l'unité dans la foi monarchique ; et il est d'une simplicité première que son soin dominant soit de former toute génération nouvelle à cette foi qui est son salut. Comme on rirait d'un bonhomme de roi qui dirait : « Je suis tolérant. Il y aura dans mon royaume les écoles monarchiques qui enseigneront à m'aimer et à me défendre, et à côté les écoles républicaines qui enseigneront à me haïr et à me renverser. Le bien fera contrepoids au mal. » Cet homme serait le plus fou des rois.

La République ne doit pas avoir moins de sens qu'en auraitune monarchie intelligente.

La règle suivante doit être sans exception. Nul livre classique, hostile à la République, ne peut paraître dans une école publique. L'y introduire, l'y tolérer, doit être un délit, et doit être puni comme un délit.

Une monarchie ne souffrirait pas dans son sein, une corporation aux doctrines républicaines hautement affichées, et enseignant ces doctrines républicaines. Plus cet enseignement partirait d'hommes d'une certaine valeur, jouissant d'un certain crédit sur l'esprit public, plus la corporation serait dangereuse. La monarchie, menacée ainsi de très haut, se hâterait de dissoudre cette corporation.

Ayez la même sagesse ! Que nulle corporation religieuse, sans exception, chez les hommes comme chez les femmes, n'ait le droit d'enseignement public. C'est, pour vous, une question de vie ou de mort. Si vous êtes forts sur ce point, si la loi s'exécute implacable, inexorable, vous aurez, avant quinze ans, une génération républicaine nouvelle, unie, compacte, se retrouvant dans les mêmes carrières avec les bonnes sympathies de la camaraderie d'école.

Si vous n'avez ni l'esprit, ni la puissance de faire cette merveilleuse unité d'enseignement, préparant d'année en année l'unité républicaine, vous continuerez, au profit d'une minorité retardataire, haineuse et qui ne reviendra jamais à vous, le triste et misérable dualisme dont souffre, à cette heure, si cruellement la France.

Que le hasard, un ami commun, un compartiment de chemin de fer mette en contact deux hommes en apparence du même monde. Aux premiers mots échangés, le silence de la froide politesse se fera. Ces deux hommes ne parlent pas la même langue : l'un maudit ce que l'autre aime avec passion. Faites donc une patrie avec ce chaud et ce froid sortant à tout moment des poitrines ! C'est Jacob et Ésaü dans le sein de la même mère : ils se battent, avant d'avoir vu le jour. Jugez s'ils devront être, pendant des générations, des ennemis implacables !

Il y a, dans tout organisme, soit intellectuel soit physique, une loi première sous laquelle tout ce qui a condition de vie a été ordonné. La nature n'accouple jamais le glaçon et le charbon incandescent. Si vous voulez tenter ce mélange monstrueux dans l'organisation si délicate d'un gouvernement, vous aurez ménagé des faiblesses, des oppositions qui vous soutiendront quelque temps, mais qui, montant sur le dos de votre inexpérience, se moqueront du soliveau républicain et riront sous cape de vos bonnes naïvetés. Auriez-vous oublié l'innocente République de 1848 ?

*
* *

Probablement, vous ignorez, ce qui est su partout dans le clergé, que les nombreuses corporations qui envahissent aujourd'hui la France, avec une haine qui ne saurait se rendre contre toute idée républicaine, se recrutent parmi ces ambitieux et ces froissés des diocèses, auxquels répugne profondément la vie humble et retirée du curé de village, et qui, sous un froc orgueilleux et avec le nom de révérend Père, iront trôner partout, recevant les adorations, et, en échange de leurs saintes prières, les pièces d'or des béates, pendant que, prêtres séculiers et simples pasteurs, ils eussent été confondus avec la masse travailleuse du sacerdoce, heureux de recevoir en honoraires quelques sous à l'offrande.

Telle est la genèse de ces saints encapuchonnés qui dominent notre clergé de la hauteur de leur morgue monacale. Mais comme ils sont habiles à trouver les millions ! Quels accapareurs d'héritages ! Pas plus tard que ces jours derniers, une toute petite congrégation de Pères, installée naguère très pauvrement dans le faubourg Saint-Jacques, prouvait en plein tribunal, qu'un splendide hôtel acheté par elle, avenue Friedland, au milieu d'un vaste et beau jardin, de la valeur de plusieurs millions lui était venu du ciel. « Dieu prodigue ses biens... »

Tous ces hommes sont les plus formidables ennemis de la République. Leur instinct leur dit que tout gouvernement qui veut vivre, doit commencer par se débarrasser de ces mineurs terribles qui le sapent. Chez eux se réfugient toutes les ignorances, tous les fanatismes, toutes les haines. La crédulité aux petits miracles, aux idées de dévotion les plus écœurantes pour la raison humaine, trouve en eux d'ardents propagateurs. Un couvent est une citadelle qui tient en répulsion absolue, irrémédiable, toute pensée de progrès, quelque inoffensive qu'on la suppose. C'est le passé qui est le beau, et qu'il faut ramener. Le monde moderne, quelle horreur ! Jugez de l'influence que doivent exercer de tels hommes sur de jeunes intelligences qu'ils étreignent, qu'ils fascinent pendant les huit ou dix ans où l'enfant, qui est de cire, reçoit les impressions ineffaçables de l'éducation première.

Vous serez sévères sur ce point. L'enseignement public est donné par l'État. L'État est laïque ; il a des maîtres qui ont son esprit, ses idées, ses doctrines. Son devoir, s'i veut vivre, est d'inculquer son esprit de civilisation, d'amour du progrès à la génération qu'il élève et qu'il prépare à la vie publique. Si un gouvernement ne voit pas ces choses, c'est un gouvernement d'incapables. Ne vous arrêtez donc pas aux petites mesures. L'histoire ne vous a-t-elle pas appris qu'elles perdent tous les gouvernements? Que dites-vous de ce naïf Louis-Philippe qui refuse d'adjoindre les capacités à ses électeurs censitaires, de peur de compromettre l'avenir de sa dynastie? On lui répondait par une révolution.

Quand vous serez forts sur ces deux points, que l'enseignement sera exclusivement sous votre influence, que vous aurez ôté cet enseignement à toute congrégation, vous aurez une mesure de prudence à prendre qui aurait certainement une grande portée. Vous avez le droit de nommer des évêques; nommez des évêques républicains. M. Thiers arrivé au pouvoir avait dit à son ministre des cultes: « J'ai assez de la question politique, je ne veux pas la compliquer d'une question cléricale. Mettez-vous aux ordres du Nonce. » Cette belle théorie a produit les fruits que l'on sait; et les prédications furibondes contre la république après le 16 Mai, ont répondu à cette imprudente politique. D'après le concordat, tout prêtre en fonctions, fut-il simple vicaire, peut être nommé évêque. Le concordat n'a pas fait de catégories. Il a fixé un âge, et a imposé deux conditions sur lesquelles Rome est dans son droit de ne pas transiger, quand elle est avertie d'une nomination épiscopale faite par le gouvernement, les bonnes mœurs et la doctrine orthodoxe. Ces deux conditions sont faciles à remplir. Eh bien! vous trouverez par centaines des curés, des prêtres de toute situation, irréprochables de mœurs, et de principes religieux reconnus, qui accepteront loyalement, sans arrière-pensée, d'être les amis de la République; et, comme la moyenne de la vie d'un évêque nommé est de dix ans, vous aurez, avant deux générations, infiltré un esprit nouveau au clergé de France, et bien commencé la solution du problème posé par Gambetta : le prêtre c'est l'ennemi.

*
* *

Voilà ce qu'un homme qui a longuement étudié la question du clergé dans ses rapports avec les gouvernements modernes croit avoir le droit de vous conseiller. Et en cela, il n est pas un transfuge, un traître, un ennemi de ses frères. C'est parce qu'il l'aime profondément, ce frère si mal dirigé dans les séminaires, tout nourri de préjugés et de haine contre la liberté, à qui ce mot « liberté » a été désigné comme synonyme de persécution, de terrorisme, qu'il a le courage de lui dire, peut-être avec une forme un peu rude, toute la vérité.

C'est le prêtre que vous sauverez, hommes du gouvernement. C'est son repos, la paix de tous les jours que vous lui garantirez, en déchirant devant ses yeux ébahis, le voile épais d'odieux mensonges, au travers duquel on lui a toujours montré, dans sa corporation, le gouvernement républicain qu'on lui a fait détester.

Je sais que la République est toute disposée à augmenter le traitement trop minime du prêtre travailleur dans les campagnes. Faites cela, mais faites mieux.

Après avoir donné un traitement un peu convenable à tout prêtre à charge d'âmes, assurez-lui une retraite à partir de 70 ans. Ce sera une bien petite dépense pour le Trésor. Mais cette simple mesure qui grèvera peu le budget de la République, sera, aux yeux des nombreuses populations croyantes auxquelles vos ennemis représentent la République comme prête à faire main basse sur le clergé, une preuve patente que vous êtes les amis du prêtre qui se dévoue à son ministère paisible, et que vous combattez seulement, d'une main vigoureuse, ceux qui troublent le repos du pays. Le peuple qui vous a prouvé son bon sens et sa confiance dans les grandes élections qui ont sauvé la République, vous comprendra. Avant peu les énergumènes de l'épiscopat, des couvents et de toute la camarilla anti-républicaine, seront forcés d'être muets devant le peuple sacerdotal qui, pour le plus grand nombre, leur dira avec un sourire : Messieurs nous sommes contents, la République a fait pour nous ce que les royautés n'avaient pas su faire. Elle nous assure le repos pour nos vieux jours.

Ce jour-là, croyez-moi, un grand pas sera fait vers la pacification. Offrez un pont d'or à votre ennemi, quand c'est simplement un ennemi égaré. Soyez sans pitié pour l'ennemi puissant qui se dresse devant vous. *Parcere subjectis et debellare superbos* était toute la politique de l'ancienne république romaine. Ayez la sagesse des Romains.

* * *

Si ces pages tombent sous les yeux de quelques-uns de mes frères dans le sacerdoce, je leur demande de me dire, la main posée sur la conscience, ce qu'ils pensent de moi. Ceux qui sont loyaux et sincères, s'ils ne sont pas tombés à ce dgeré d'affolement où jette un déplorable fanatisme, me tendront franchement la main, et me diront : Oui, vous êtes un ami, et nous vous croyons. Ceux qui, malgré toute justice, continueront à me représenter comme un révolté et un ennemi, me donnent le droit de leur dire que je n'ai à tirer d'eux qu'une vengeance, celle de les plaindre profondément, et de leur pardonner.

Paris, le 23 février 1879.

Châteauroux. — Typographie et Stéréotypie A. Nuret et Fils.

A LA MÊME LIBRAIRIE

DU MÊME AUTEUR :

Format in-octavo

Le Maudit. 3 vol. 15 fr.
La Religieuse. 2 vol. . . . . 10 fr.
Le Jésuite. 2 vol. . . . . 10 fr.
Le Curé de campagne. 2 vol. . . . . 10 fr.
Le Confesseur. 2 vol. . . . . 10 fr.
Le Moine. 1 vol. 5 fr.
Les Mystiques. 1 vol. . . . . 5 fr.
Les Odeurs ultramontaines. 1 vol. . . . . 5 fr.

Format in-dix-huit

Le Maudit. 3 vol. 9 fr.
La Religieuse. 2 vol. . . . . 6 fr.
Le Jésuite. 2 vol. . . . . 6 fr.
Le Curé de campagne. 2 vol. . . . . 6 fr.
Le Confesseur. 2 vol. . . . . 6 fr.
Le Moine. 1 vol. 3 fr.

ŒUVRES DE L. JACOLLIOT

Études Indianistes

La Bible dans l'Inde. 1 vol. in-8° . . . . 6 fr.
Christna et le Christ. 1 vol. in-8°. . . . . 6 fr.
Fétichisme,—Polythéisme,—Monothéisme. 1 vol. in-8°. 6 fr.
Les Fils de Dieu. 1 vol. in-8°. . . . . 6 fr.
La Genèse de l'Humanité. 1 vol. in-8°. . . . . 6 fr.
Histoire des Vierges. 1 vol. in-8°. . . . . 6 fr.
Les Législateurs religieux : Manou, — Moïse, — Mahomet. — 1 vol. in-8°. 6 fr.
Le Spiritisme dans le monde. 1 vol. in-8°. . . . . . . 6 fr.
Le Pariah dans l'Humanité. 1 vol. in-8° . . . . 6 fr.
Les Traditions Indo-Asiatiques. 1 vol. in-8°. . . . . . 6 fr.
Les Traditions Indo-Européennes et Africaines. 1 vol. in-8°. . . . . 6 fr.
La Femme dans l'Inde. 1 vol. in-8°. . . . . 6 fr.
Rois, Nobles et Guerriers dans les sociétés antiques. 1 vol. in-8° . . . . 6 fr.
La Devadassi (**Bayadère**), comédie en 4 parties, traduite du tamoul. 1 vol. in-8°. . . . . 1 fr.
Voyage sur les rives du Niger, illustré de gravures par MOULLION. 1 vol. in-18. . . . . 3 fr. 50

Paris. — Imp. Ve P. LAROUSSE et Cie, rue Montparnasse, 19

www.ingramcontent.com/pod-product-compliance
Lightning Source LLC
LaVergne TN
LVHW020304230826
846091LV00006B/2522
9782011757500